Impressum
Verlag: BABADADA GmbH, Nedderfeld 112 , 22529 Hamburg
Geschäftsführer / Verlagsleitung: Harald Hof
Druck: Books on Demand GmbH, In de Tarpen 42, 22848 Norderstedt

Imprint
Publisher: BABADADA GmbH, Nedderfeld 112 , 22529 Hamburg, Germany
Managing Director / Publishing direction: Harald Hof
Print: Books on Demand GmbH, In de Tarpen 42, 22848 Norderstedt

1

escola
makaranta

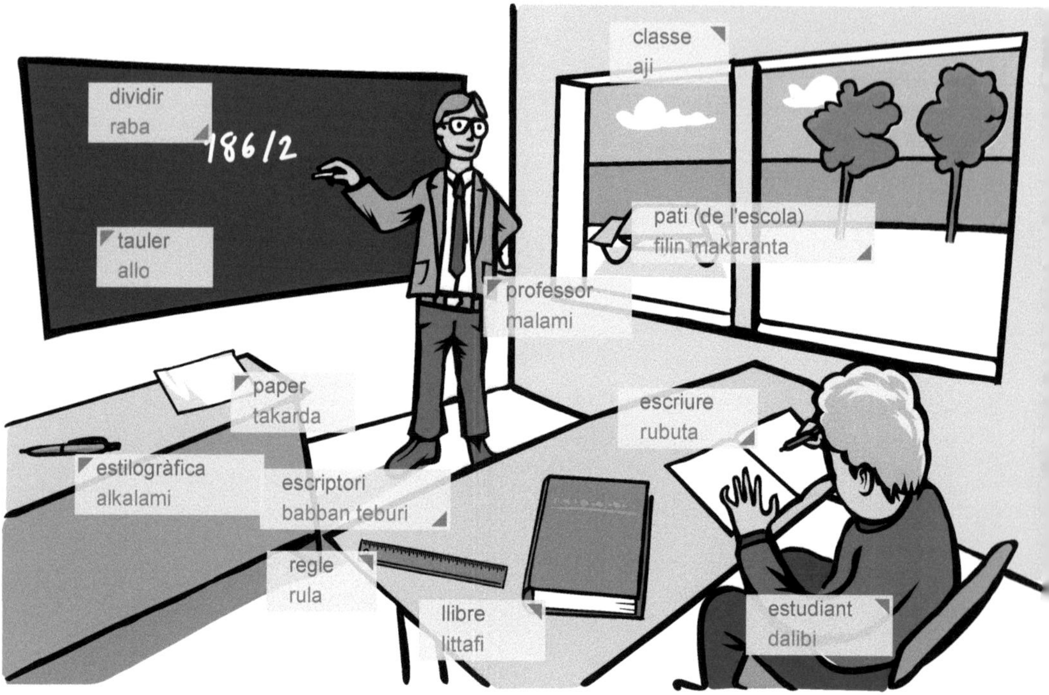
classe
aji
dividir
raba
186/2
tauler
allo
pati (de l'escola)
filin makaranta
professor
malami
paper
takarda
escriure
rubuta
estilogràfica
alkalami
escriptori
babban teburi
regle
rula
llibre
littafi
estudiant
dalibi

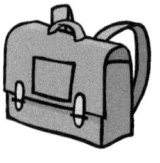

bossa

jakar makaranta

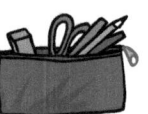

estoig

gidan fensir

llapis

fensir

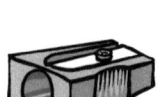

maquineta de fer punta

abin fike fensir

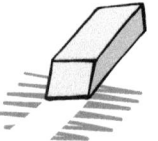

goma

kilina

bloc de dibuix

kwalin zane

dibuix

zane

pinzell

burushin fenti

capsa de pintures

gwangwanin fenti

tisores

almakashi

cola

gam

quadern d'exercicis

littafi aiki

deures

aikin gida

nombre

lamba

afegir

kara

sostreure

debe

multiplicar

yi sau

calcular

kwakuleta

lletra

wasika

alfabet

harafi

mot

kalma

text
rubutu

llegir
karanta

guix
alli

lliçó
darasi

llibre de classe
rijista

examen
jarabawa

certificat
satifiket

uniforme escolar
kayan makaranta

formació
ilimi

enciclopèdia
kundin ilimi

universitat
jami'a

microscopi
madubin kimiyya

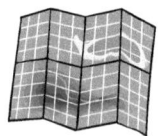

mapa
taswira

paperera
kwandon shara

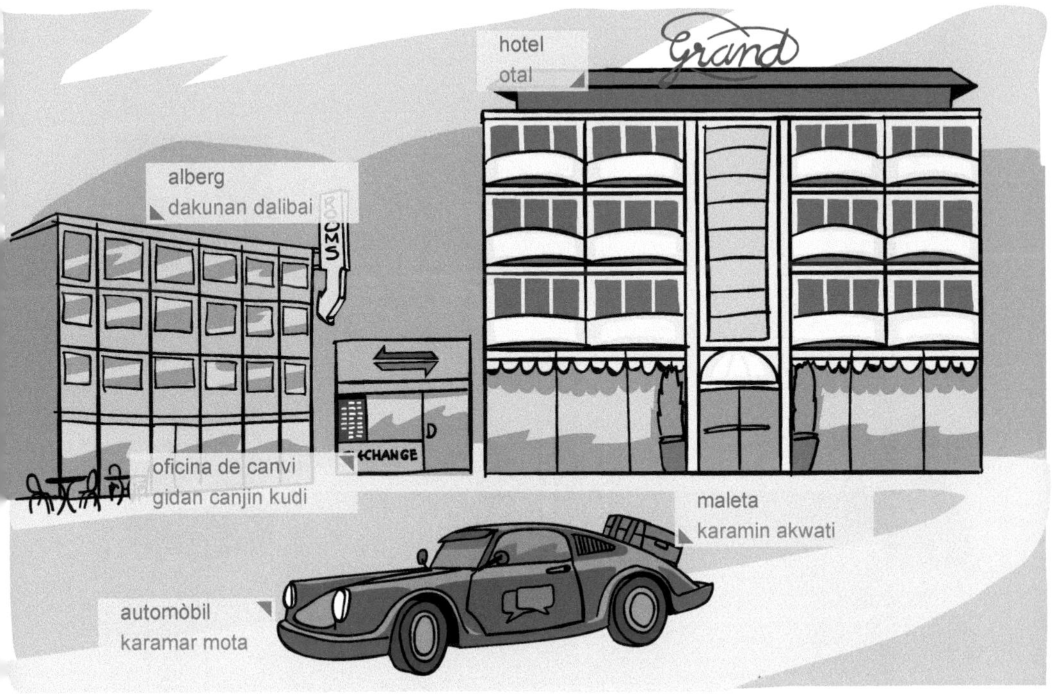

hotel
otal
Grand
alberg
dakunan dalibai
ROOMS
oficina de canvi
gidan canjin kudi
EXCHANGE
maleta
karamin akwati
automòbil
karamar mota

llengua

yare

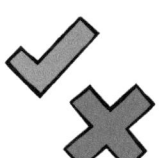

sí / no

e/a'a

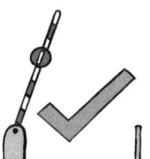

D'acord

Ya yi

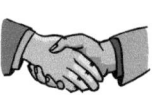

Ey!

barka dai

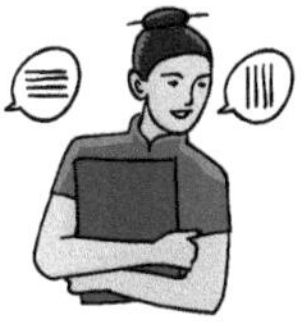

traductora

mai fassara

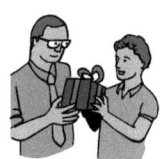

gràcies

Na gode

Quant costa... ?

nawa ne...?

No entenc

ban gane ba

problema

matsala

Bona nit!

Barka da yamma!

bon dia!

Ina kwana!

bona nit!

barka da dare!

fins aviat

sai an jima

direcció

alkibla

bagatge

kaya

bossa

jaka

sarrona

jakar goyawa

convidat

bako

cambra

daki

sac de dormir

jakar barci

tenda

tanti

oficina de turisme

bayanin dan yawon bude-ido

platja

bakin ruwa

carta de crèdit

katin banki

esmorzar

karin kumallo

dinar

abincin rana

sopar

abincin dare

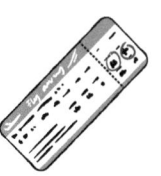

bitllet

tikiti

ascensor

daga

segell

hatimi

frontera

iyaka

duana

kudin fiton kaya

ambaixada

ofishin jakadanci

visat

biza

passaport

fasfo

transport

abin hawa

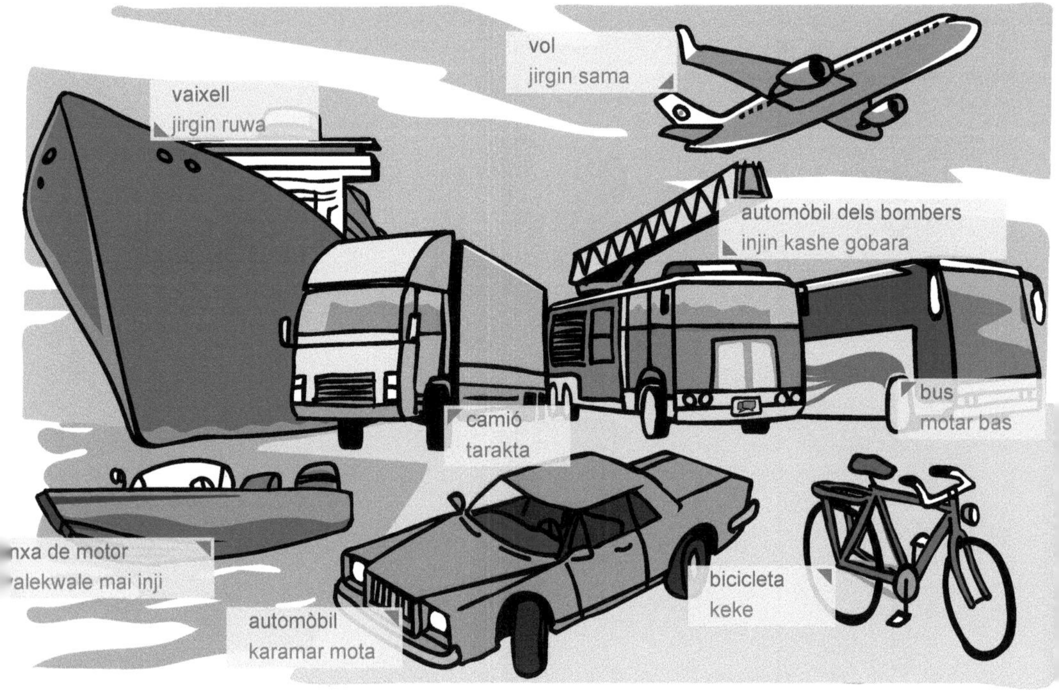

vol
jirgin sama
vaixell
jirgin ruwa
automòbil dels bombers
injin kashe gobara
bus
motar bas
camió
tarakta
nxa de motor
alekwale mai inji
bicicleta
keke
automòbil
karamar mota

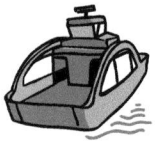

transbordador

karamin jirgin ruwa

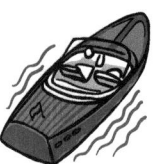

barca

kwalekwale

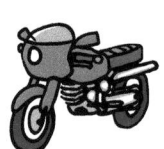

moto

babur

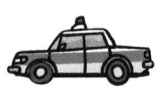

automòbil de policia

motar 'yansanda

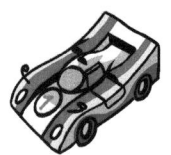

automòbil de curses

motar tsere

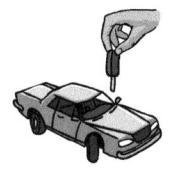

automòbil de lloguer

motar haya

vehicle compartit

tarayyar karamar mota

grua

babbar mota da ta lalace

camió de les escombraries

motar shara

motor

mota

benzina

mai

benzineria

gidan mai

senyal de trànsit

alamar titi

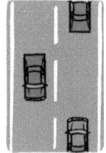

trànsit

zirga-zirga

embús

cunkoson ababen hawa

aparcament

wurin ajiye mota

estació de trens

tashar jirgin kasa

vies

filin tsere

tren

jirgin kasa

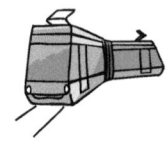

tramvia

jirgin kasa mai kyabil

vagó

keken doki

helicòpter

helikwafta

aeroport

filin jirgin sama

torre

hasumiya

passatger

fasinja

contenidor

mazubi

capsa de cartó

kwali

carretó

amalanke

cistella

kwando

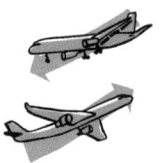

enlairar-se / aterrar

tashi / sauka

ciutat

birni

poble

kauye

centre de la ciutat

tsakiyar birni

casa

gida

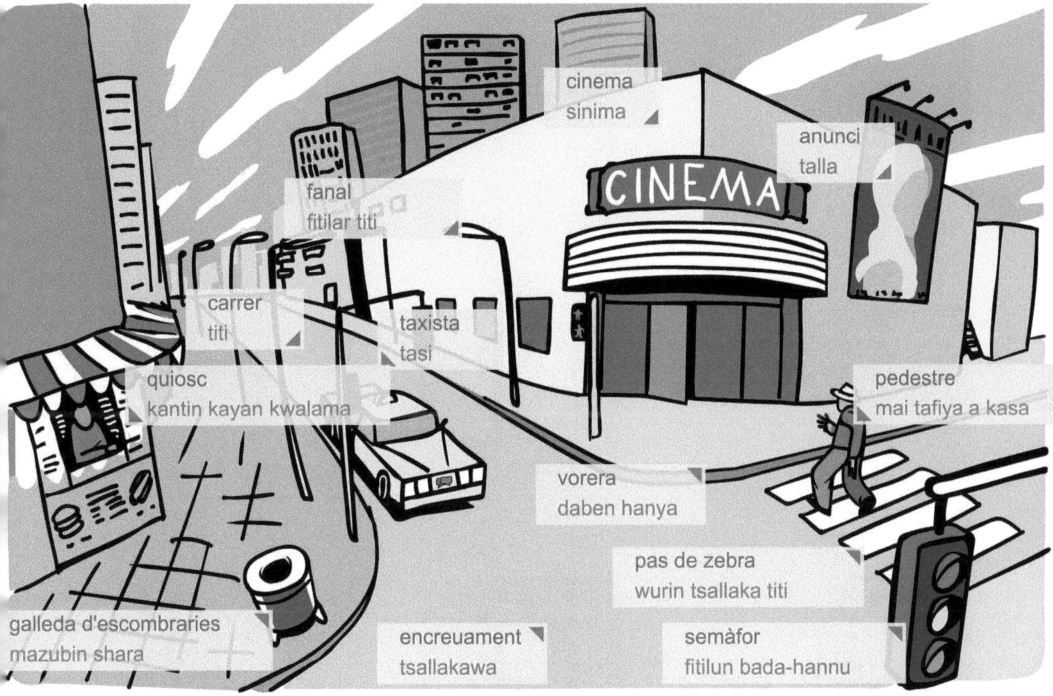
cinema
sinima
CINEMA
anunci
talla
fanal
fitilar titi
carrer
titi
taxista
tasi
quiosc
kantin kayan kwalama
pedestre
mai tafiya a kasa
vorera
daben hanya
pas de zebra
wurin tsallaka titi
galleda d'escombraries
mazubin shara
encreuament
tsallakawa
semàfor
fitilun bada-hannu

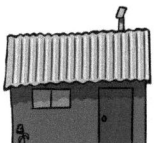

cabana

bukka

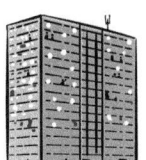

apartament

shafaffe

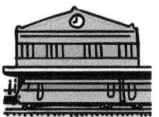

estació de trens

tashar jirgin kasa

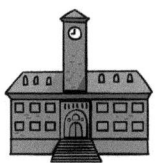

casa de la vila-ciutat

dakin taro

MUSEUM

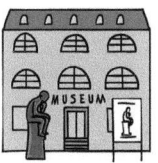

museu

gidan kayan tarihi

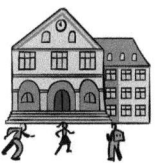

escola

makaranta

universitat

jami'a

banca

banki

hospital

asibiti

hotel

otal

farmàcia

kantin magani

oficina

ofis

llibreria

kantin littattafai

botiga

kanti

floristeria

mai sayar da furanni

supermercat

babban kanti

mercat

kasuwa

gran magatzem

kanti mai sassa

peixateria

shagon sayar da kifi

centre comercial

wurin sayayya

port

matsayar jiragen ruwa

parc

ma'ajiyar motoci

banc

benci

pont

gada

escala

kafar bene

metro

karkashin kasa

túnel

ramin karkashin kasa

parada d'autobús

matsayar bas

bar

mashaya

restaurant

gidan abinci

bústia de correu

akwatin sakonni

senyal indicador

alamar titi

parquímetre

mitar ajiye motoci

zoo

gidan namun daji

piscina

kwamin iyo

mesquita

masallaci

granja
gona

pol·lució
gurbata

cementiri
makabarta

església
coci

parc infantil
filin wasanni

temple
dakin bauta

paisatge
fadin kasa

fulla
ganye

cartell indicador
turken alama

camí
hanya

prat
makiyaya

pedra
dutse

excursionista
mai tattaki

arbre
bishiya

riu
korama

gespa
ciyawa

flor
fure

vall
kwazazzabo

muntanya
tudu

llac
tafki

bosc
daji

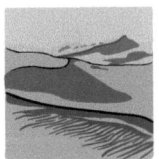

desert
hamada

volcà
amon dutse

castell
fada

arc de Sant Martí
bakan-gizo

bolet
malafar jaki

palmera
bishiyar kwakwar manja

moscard
sauro

mosca
kuda

formiga
tururuwa

abella
zuma

aranya
gizo

escarabat

burgunguma

granota

kwado

esquirol

kurege

eriçó

bushiya

llebre

zomo

òliba

mujiya

ocell

tsuntsu

cigne

agwagwar ruwa

senglar

aladen daji

cervo

namijin barewa

ant

kanki

presa

dam

turbina

lantarki mai iska

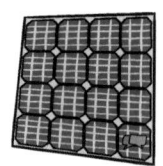

panell solar

farantin hasken rana

clima

yanayi

restaurant
gidan abinci

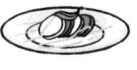

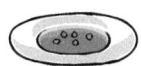

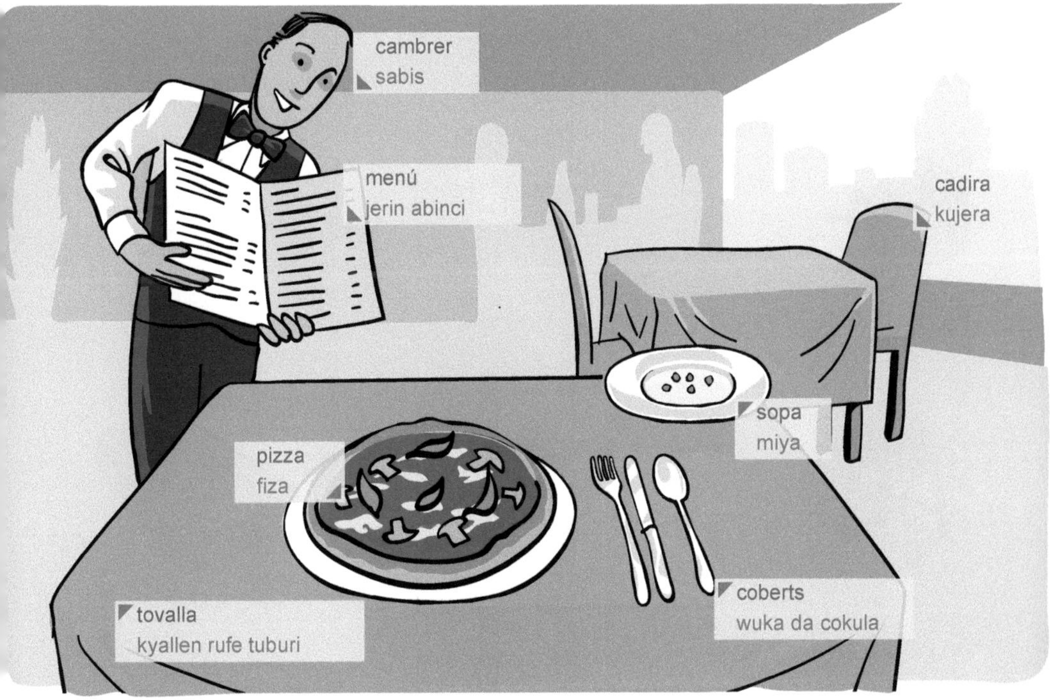

cambrer
sabis
menú
jerin abinci
cadira
kujera
sopa
miya
pizza
fiza
coberts
wuka da cokula
tovalla
kyallen rufe tuburi

primer plat
makunni

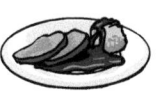

plat principal
babban abinci

darreries
kayan zaki

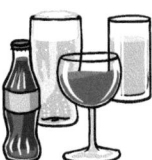

begudes
kayan sha

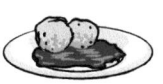

menjar
abinci

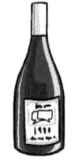

ampolla
kwalba

menjar ràpid

abincin tafi-da-gidanka

menjar de carrer

abincin titi

tetera

tukunyar shayi

sucrer

kwanon sikari

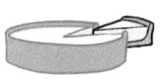

porció

gutsire

màquina d'espresso

injin hada kofi

trona

kujera mai tudu

factura

doka

plata

tire

ganivet

wuka

forqueta

cokali mai yatsu

cullera

cokali

cullereta

cokalin shayi

tovalló

kyallen cin abinci

got

gilashi

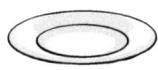

plat
faranti

plat de sopa
farantin miya

plateret
farantin kofi

salsa
hadin dandano

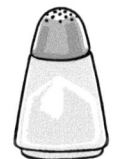

saler
mazubin gishiri

molinet de pebre
abin nikan yaji

vinagre
lamurje

oli
mai

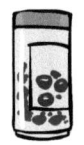

espècies
kayan dandano

quètxup
miyar tumatir

mostassa
mustad

maionesa
mayonnaise

supermercat

babban kanti

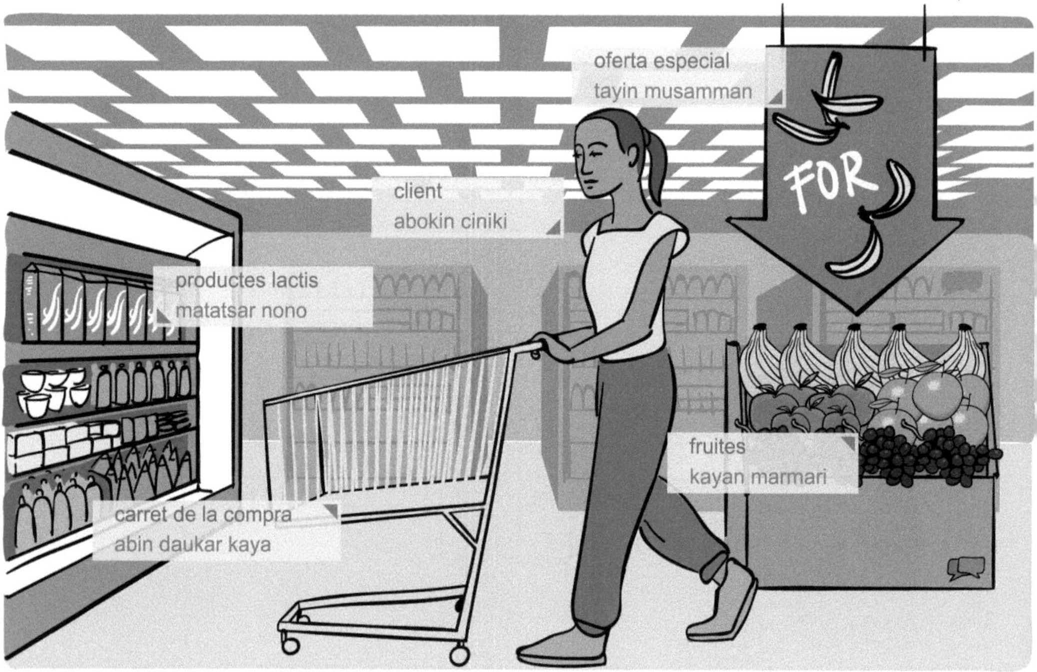

oferta especial
tayin musamman
FOR
client
abokin ciniki
productes lactis
matatsar nono
fruites
kayan marmari
carret de la compra
abin daukar kaya

BUTCHERS

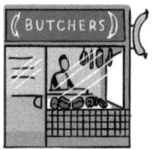

carnisseria

na mahauci

BAKERY

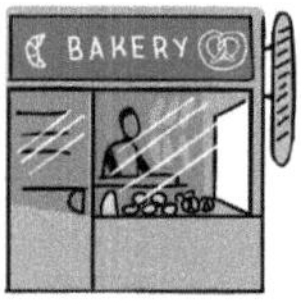

forn de pa

shagon mai burodi

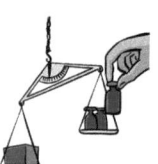

pesar

auna nauyi

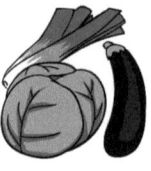

verdures

kayan lambu

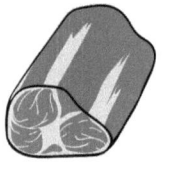

carn

nama

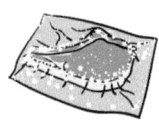

menjar congelat

darkararren abinci

carn freda

nama mai sanyi

conserves

abincin gwangwani

detergent en pols

garin sabulun wanki

dolços

alewa

articles domèstics

kayan amfanin gida

productes de neteja

kayan tsafta

venedora

mai sayarwa

caixa registradora

haro

caixera

mai biyan kudi

llista de la compra

jerin kayan sayayya

horari d'obertura

sa'o'in budewa

portamonedes

alabe

carta de crèdit

katin banki

bossa

jaka

bossa de plàstic

jakar roba

aigua

ruwa

suc

ruwan 'ya'yan itace

llet

madara

coca-cola

coke

vi

barasa

cervesa

giya

alcohol

barasa

cacau

koko

te

shayi

cafè

kofi

espresso

bakin kofi

cappuccino

kofi mai madara

banana

ayaba

poma

tufa

taronja

lemon zaki

síndria

kankana

llimona

lemon tsami

pastanaga

karas

all

tafarnuwa

bambú

gora

ceba

albasa

bolet

kunnen-jaki

avellanes

dangin gyada

fideus

dangin taliya

espaguetis

sufageti

arròs

shinkafa

amanida

man salak

patates fregides

sala-sala

patates fregides

soyayyen dankali

pizza

fiza

hamburguesa

hambaga

entrepà

sanwich

escalopa

kwan nama

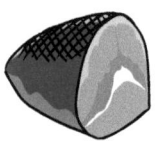

cuixot

naman alade

salami

salami

salsitxa

kilishin turawa

pollastre

kaza

rostit

gashi

peix

kifi

flocs de civada

kamun oats

musli

muesli

cereals

kwamfiles

farina

fulawa

croissant

fanke

panet

yankan burodi

pa

burodi

torrada

gashi

bescuits

biskit

mantega

bota

mató

man shanu

pastís

kek

ou

kwai

ou fregit

soyayyen kwai

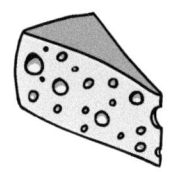

formatge

cuku

gelat

askirim

sucre

sikari

mel

zuma

melmelada

jam

crema de xocolata

cakuletin shafawa

curri

kori

granja
gona

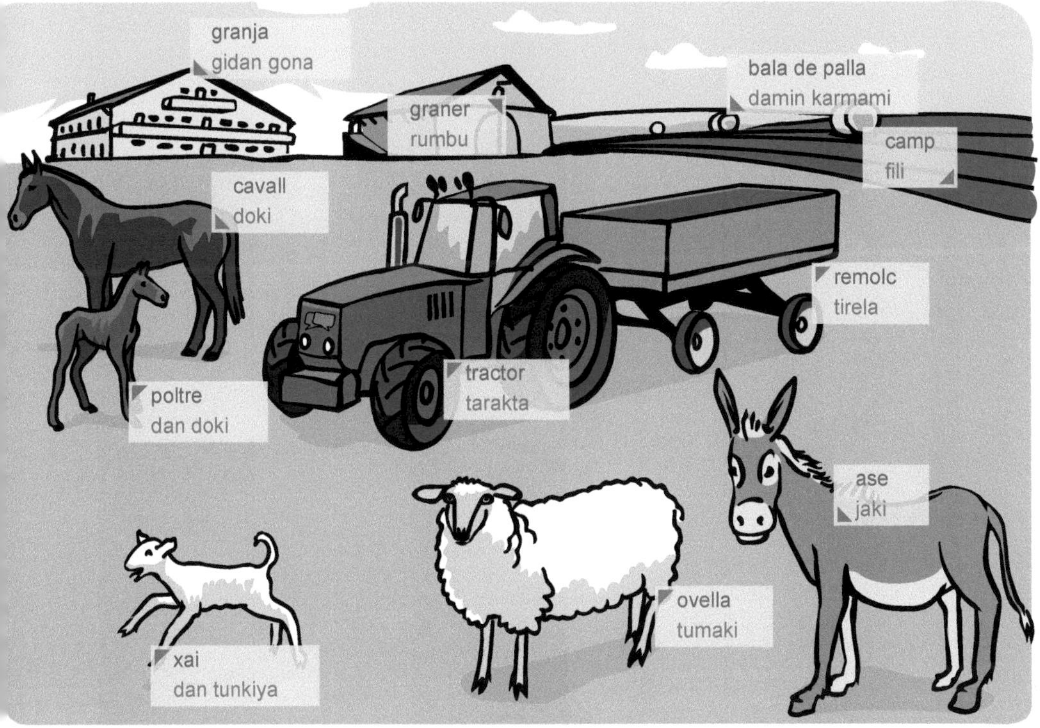
granja
gidan gona
graner
rumbu
bala de palla
damin karmami
camp
fili
cavall
doki
remolc
tirela
tractor
tarakta
poltre
dan doki
ase
jaki
ovella
tumaki
xai
dan tunkiya

cabra

akuya

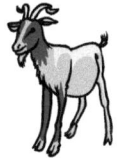

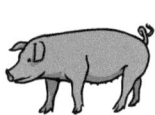

vaca

saniya

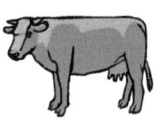

vedella

maraki

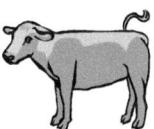

porc

alade

garrí

dan alade

bou

bajimi

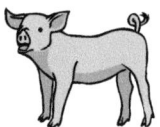

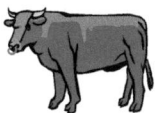

oca

dinya

ànec

agwagwa

poll

dan tsako

gall

kaza

gallina

zakara

rata

bera

gat

kyanwa

ratolí

bera

bou

takarkari

gos

kare

gossera

dakin kare

mànega de regar

bututun lambu

regadora

bokitin ban-ruwa

dalla

ashasha

arada

garma

granja - gona

falç
lauje

aixada
fartanya

forca
cebur mai yatsu

destral
gatari

carretó
wilbaro

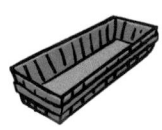

abeurador
mazubin abincin dabbobi

lletera
gwangwanin madara

sac
buhu

tanca
shinge

establa
barga

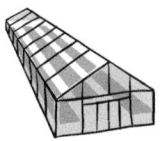

hivernacle
koren-gida

sòl
rairai

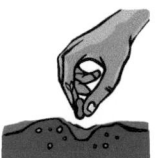

llavor
iri

adob
taki

collidora
injin girbi da sussuka

collir

girbe

collita

girbi

nyam

doya

blat

alkama

soja

waken soya

patata

dankali

blat de moro o d'indi

dawa

colza

furen mai

arbre fruiter

bishiyar kayan marmari

mandioca

rogo

cereals

hatsi

casa
gida

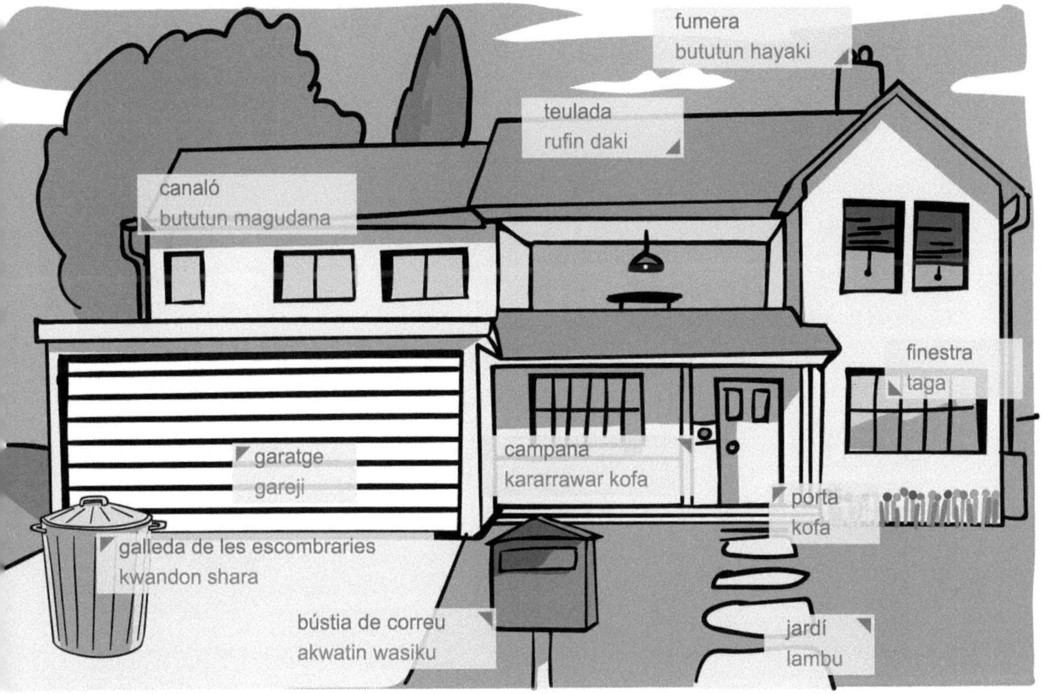
fumera
bututun hayaki
teulada
rufin daki
canaló
bututun magudana
finestra
taga
garatge
gareji
campana
kararrawar kofa
porta
kofa
galleda de les escombraries
kwandon shara
bústia de correu
akwatin wasiku
jardí
lambu

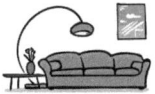

sala d'estar

falo

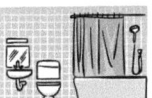

bany

dakin wanka

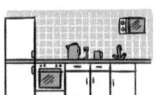

cuina

kicin

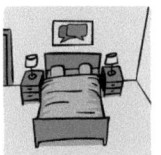

cambra de dormir

dakin kwana

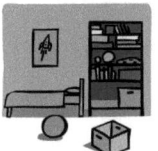

cambra de nen

dakin yaro

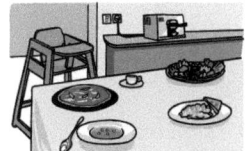

menjador

dakin cin abinci

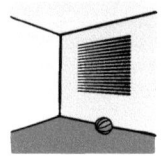

sòl
dabe

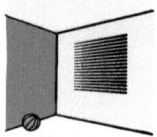

paret
bango

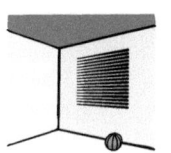

sostre
sili

soterrani
dakin karkashin kasa

sauna
wurin wankan dumi

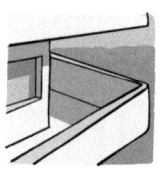

balcó
barandar bene

terrassa
baranda

piscina
gulbin ninkaya

tallagespa
injin yanke ciyawa

vànova
kwano

cobrellit
zanen gado

llit
gado

escombra
tsintsiya

galleda
bokiti

interruptor
makunni

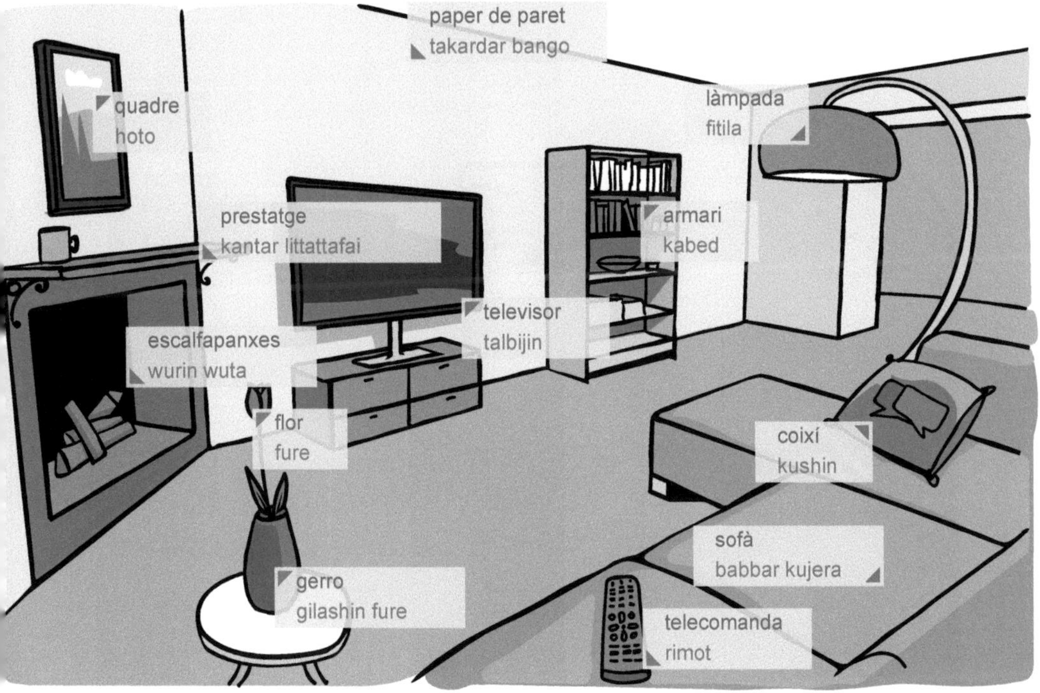

paper de paret
takardar bango

quadre
hoto

làmpada
fitila

prestatge
kantar littattafai

armari
kabed

escalfapanxes
wurin wuta

televisor
talbijin

flor
fure

coixí
kushin

sofà
babbar kujera

gerro
gilashin fure

telecomanda
rimot

catifa
darduma

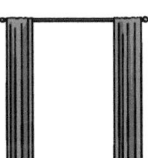

cortina
labule

taula
teburi

cadira
kujera

cadira gronxadora
kujera mai shillo

cadiral
kujera mai hannu

llibre

littafi

llençol

bargo

decoració

kwalliya

llenya

itacen girki

film

fim

cadena de música

kayan hi-fi

clau

makulli

diari

jarida

pintura

zanen fenti

cartell

fasta

ràdio

rediyo

bloc de notes

takardar rubutu

aspiradora

na'urar share darduma

cactus

murtsunguwa

candela

kyandir

cuina
kicin

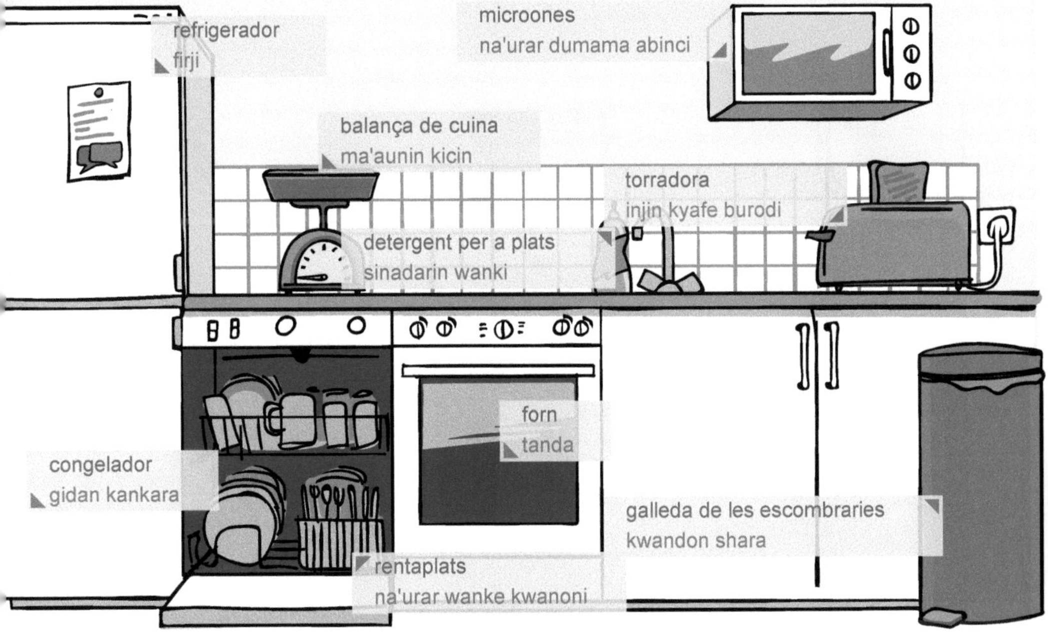
refrigerador
firji
microones
na'urar dumama abinci
balança de cuina
ma'aunin kicin
torradora
injin kyafe burodi
detergent per a plats
sinadarin wanki
forn
tanda
congelador
gidan kankara
galleda de les escombraries
kwandon shara
rentaplats
na'urar wanke kwanoni

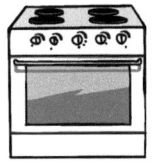

cuina de fogons

cooker

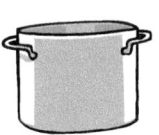

olla

tukunya

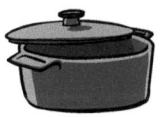

olla de ferro colat

tukunyar alminiyum

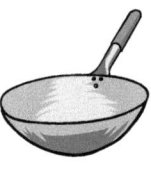

wok / karahi

kwanon suya

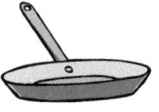

paella

kwanan suya

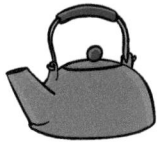

bullidor

buta

olla de vapor

tukunyar dumi

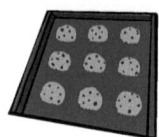

plata de forn

kwanan gashi

vaixella

kayan tangaran

tassa grossa

tambulan

bol

kwano

bastonets xinesos

tsinkayen cin abinci

culler

ludayi

espàtula

ludayin suya

batedor

makadin kwai

colador

rariya

sedàs

mataci

ratllador

na'urar nika

morter

turmi

barbacoa

balangu

foc a terra

wutar sarari

taula de tallar

katakon yanke-yanke

corró

katakon murji

llevataps

mabudin kwalba

pot de conserva

gwangwani

obridor

mabudin gwangwani

agafador

hannun tukunya

aigüera

wurin wanke-wanke

raspall

burushi

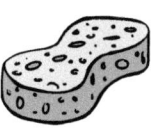

esponja

soso

batedora

bilenda

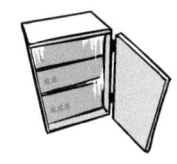

congelador

babban gidan kankara

biberó

bulumboti

aixeta

famfo

bany
dakin wanka

dutxa
shaya
calefacció
bada dumi
tovallola
tawul
cortina de dutxa
labulen wanka
bany de bombollles
wankan kumfa
banyera
kwamin wanka
got
gilashi
rentadora
injin wanki
aixeta
famfo
rajoles
tayil
orinal
fo
aigüera
wurin wanke-wanke

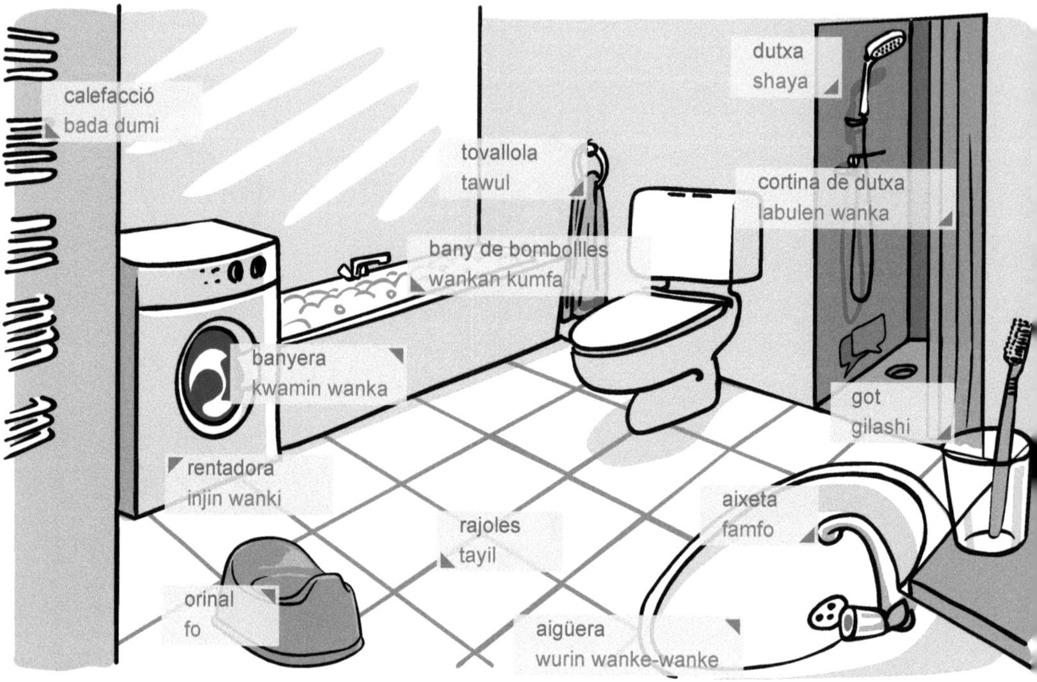

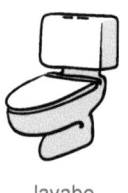

lavabo

bandaki

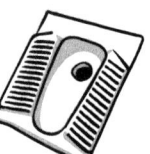

lavabo turc

bandakin tsuguno

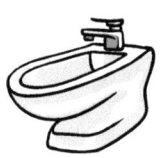

bidet

kwamin tsarki

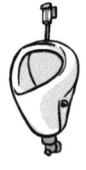

orinador

wurin fitsari

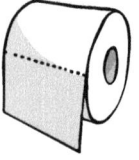

paper higiènic

takardar bandaki

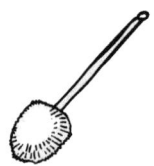

escombreta de sanitari

burushin bandaki

raspall de dents

burushin hakori

pasta de dents

man hakori

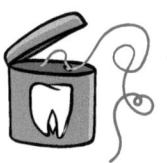

fil dental

zaren sakace

rentar

wanke

pom de dutxa

shayar hannu

dutxa íntima

wankin farji

rentamans

kwamin wanke hannu

raspall per a l'esquena

burushin wanke baya

sabó

sabulu

gel de dutxa

ruwan sabulun wanka

xampú

man gyaran gashi

manyopla de bany

tsumman wanka

bonera

lambatu

crema

kirim

desodorant

turaren kamshi

mirall

madubi

mirall-espill de mà

madubin hannu

maquineta de rasar

reza

espuma de barbejar

man yaran fuska

loció post-rasada

man aski

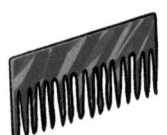

pinta

mataji

raspall

burushi

eixugador

na'urar busar da gashi

laca

man gashi

maquillatge

kwalliya

pintallavis

jan-baki

esmalt d'ungles

man farce

cotó

audugar goge kunne

tallaungles

almakashin yankan farce

perfum

turare

estoig de bellesa

jakar wanka

tamboret

bahaya

bàscula

ma'aunin nauyi

barnús

rigar wanka

guants de goma

safar roba

compresa higiènica

audugar haila

compresa

audugar mata

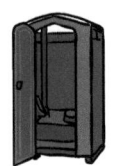

sanitari químic

bandakin tafi-da-gidanka

cambra de nen

dakin yaro

despertador
agogo mai kararrawa
animal de peluix
yartsanar tsumma
auto de joguina
motar wasan yara
sonall
kara
casa de nines
gidan 'yartsana
present
kyauta

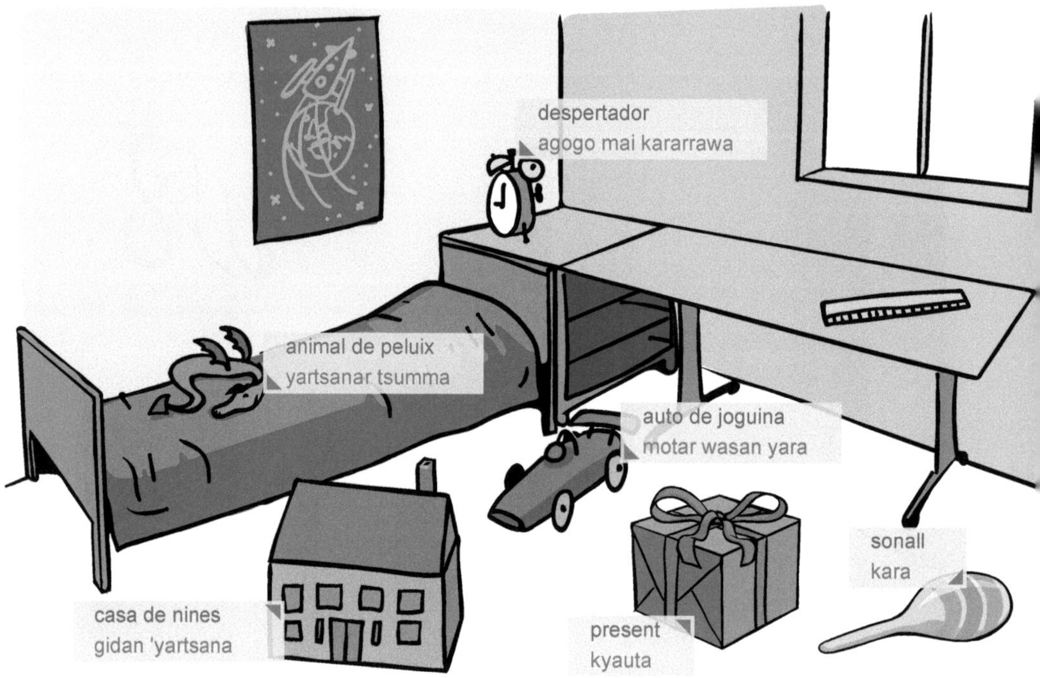

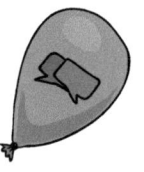

baló

balo

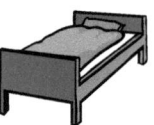

llit

gado

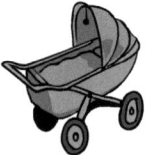

cotxet per a nens

keken jarirai

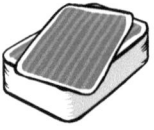

joc de cartes

benen kwalaye

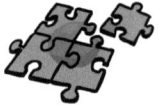

trencaclosca

wasa kwakwalwa

historieta

ban dariya

peces de lego

tubalan roba

peces de construcció

tubalan gini

ninot d'acció

mutum-mai-aiki

granota

rigar jariri

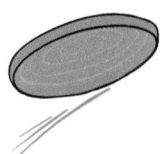

frisbee

Dokin iska

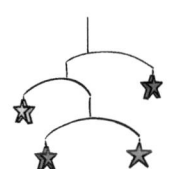

mòbil per a bressol

tafi-da-gidanka

joc de taula

wasan dara

daus

dan ludo

tren elèctric

zubin kwatancin jirgin kasa

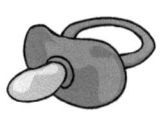

xumet

mutum-mutumi

festa

walima

llibre de dibuixos

littafi mai hotuna

pilota

kwallo

nina

yartsana

jugar

yi wasa

sorrera

akwatin yashi

gronxador

lilo

joguines

kayan wasan yara

consola de jocs de vídeo

allon wasannin bidiyo

tricicle

babur mai taya uku

osset de peluix

yartsanar tsumma

armari

wadirob

roba

tufafi

mitjons

safa

mitges

sitokins

mitja pantaló

matse-jiki

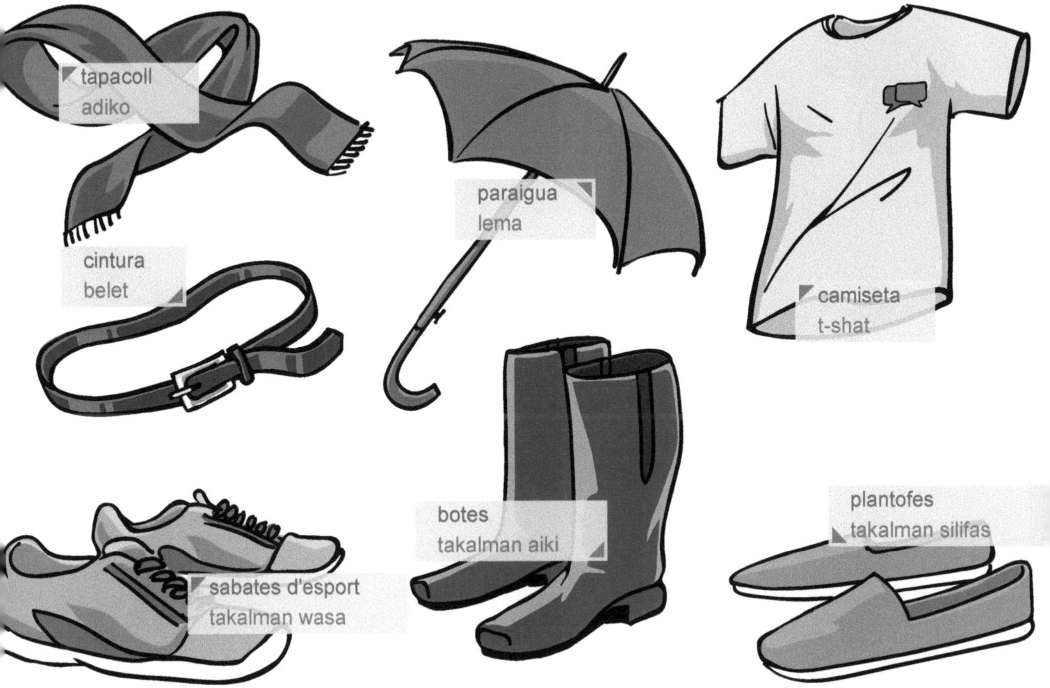

tapacoll
adiko

paraigua
lema

camiseta
t-shat

cintura
belet

botes
takalman aiki

plantofes
takalman silifas

sabates d'esport
takalman wasa

sandàlies
....
takalman sandal

sabates
....
takalma

botes de goma
....
takalman roba

calçonets
....
kamfai

sostenidor
....
rigar nono

guardapits
....
falmaran

jjustacòs

jiki

pantalons

wando

jeans

jeans

faldeta

dantofi

brusa

rigar mata

camisa

karamar riga

jersei

riga mai hula

dessuadora

hular riga

blazer

bileza

jaqueta

jaket

mantell

kwat

impermeable

rigar ruwa

vestit de dona

kayan yayi

vestit de dona

kayan sawa

vestit de núvia

rigar aure

vestit d'home

kwat da wando

camisa de dormir

rigar dare

pijama

kayan barci

sari

sari

mocador de cap

dankwali

turbant

rawani

burca

hijabi

caftan

kaftani

abaia

abaya

vestit de bany

rigar iyo

calçon(et)s de bany

wandon wasa

pantalons curts

gajeran wando

xandall

kayan wasanni

davantal

kyallen aiki

guants

safar hannu

botó

maballi

ulleres

tabarau

braçalet

awarwaro

collaret

tsakiya

anell

zobe

orellera

dan kunne

casquet

hula

penjador

maratayin kwat

capell

malafa

corbata

lakataya

cremallera

zi

casc

hular kwano

elàstics

masu daidaita hakori

uniforme escolar

kayan makaranta

uniforme

yunifom

pitet

kyallen cin abincin jariri

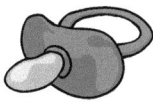

xumet

mutum-mutumi

bolquer

kunzugu

oficina

ofis

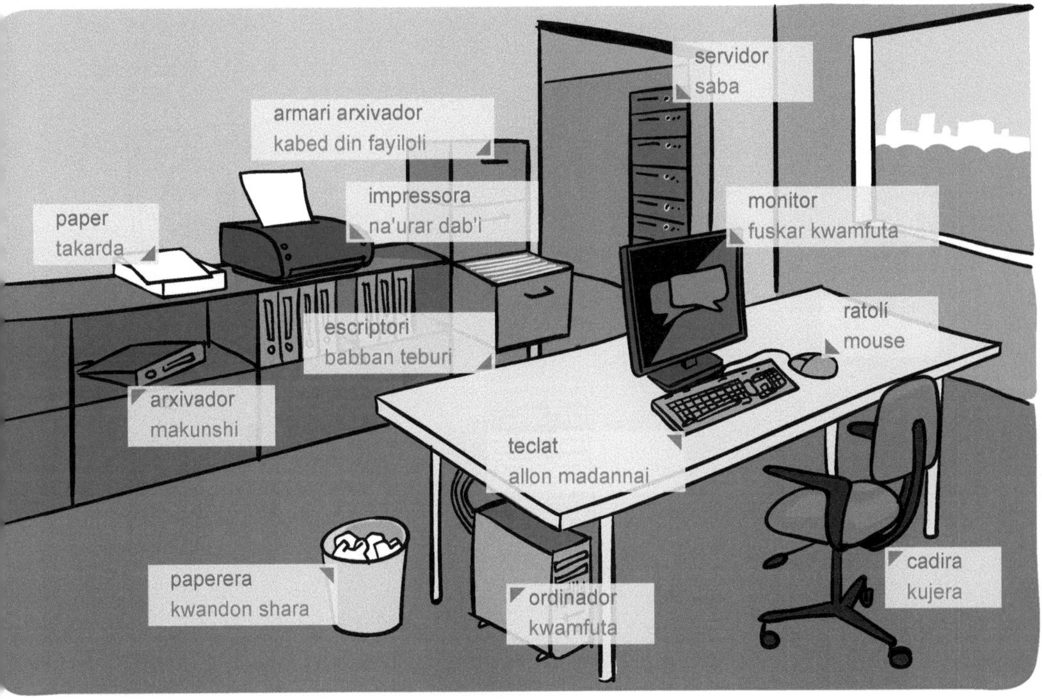

servidor
saba

armari arxivador
kabed din fayiloli

impressora
na'urar dab'i

monitor
fuskar kwamfuta

paper
takarda

ratoli
mouse

escriptori
babban teburi

arxivador
makunshi

teclat
allon madannai

paperera
kwandon shara

cadira
kujera

ordinador
kwamfuta

tassa de cafè

tambulan kofi

calculadora

kwakuleta

Internet

intanet

ordinador portàtil

laptop

lletra

wasika

missatge

sako

mòbil

tafi-da-gidanka

xarxa

sadarwa

fotocopiadora

na'urar hoton takarda

programari

kwakwalwar kwamfuta

telèfon

tarho

presa de corrent

jona soket

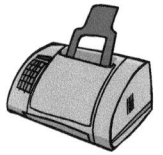

fax

na'urar faks

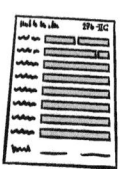

formulari

fom

document

daftari

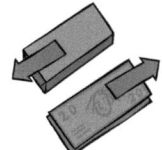

comprar
sayi

pagar
biya

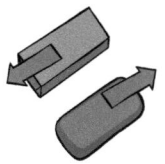

comerciar
yi ciniki

diners
kudi

USD

dòlar
dala

EUR

euro
euro

JPY

ien
yen

RUB

ruble
robul

CHF

franc suís
franc na Swiss

CNY

renminbi
renminbi yuan

INR

rupia
rupee

caixa automàtica
injin bada kudi

oficina de canvi

gidan canjin kudi

or

zinare

argent

azurfa

petroli

mai

energia

makamashi

preu

farashi

contracte

matuntuba

impost

haraji

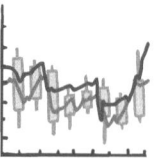

acció

kaya

treballar

yi aiki

treballador

ma'aikaci

empresari

mai daukar ma'aikata

fàbrica

masana'anta

botiga

kanti

oficial de policia
jami'in dansanda

bomber
ma'aikaci kashe gobara

cuiner
kuku

doctora
likita

pilot
direban jirgin sama

jardiner

mai aikin lambu

fuster

kafinta

costurera

mace mai dinki

jutge

alkali

química

mai hada magunguna

actor

jarumi

conductor d'autobús

direban bas

taxista

direban tasi

pescador

masunci

dona de la neteja

mace mai shara

ensostrador

mai aikin rufi

cambrer

sabis

caçador

mafarauci

pintor

mai fenti

forner

mai yin burodi

electricista

mai gyaran lantarki

obrer de la construcció

magini

enginyer

injiniya

carnisser

mahauci

llanterner

mai gyaran famfo

correu

mai raba wasiku

soldat

soja

arquitecte

mai zayyanar gidaje

caixera

mai biyan kudi

florista

mai sayar da furanni

perruquer

mai gyaran gashi

revisor

mai kida

mecànic

bakanike

capità

kyaftin

dentista

likitan hakori

científic

masanin kimiyya

rabí

limamin yahudu

imam

liman

monjo

mai ibadar kirista

capellà

malamin addini

eines
kayan aiki

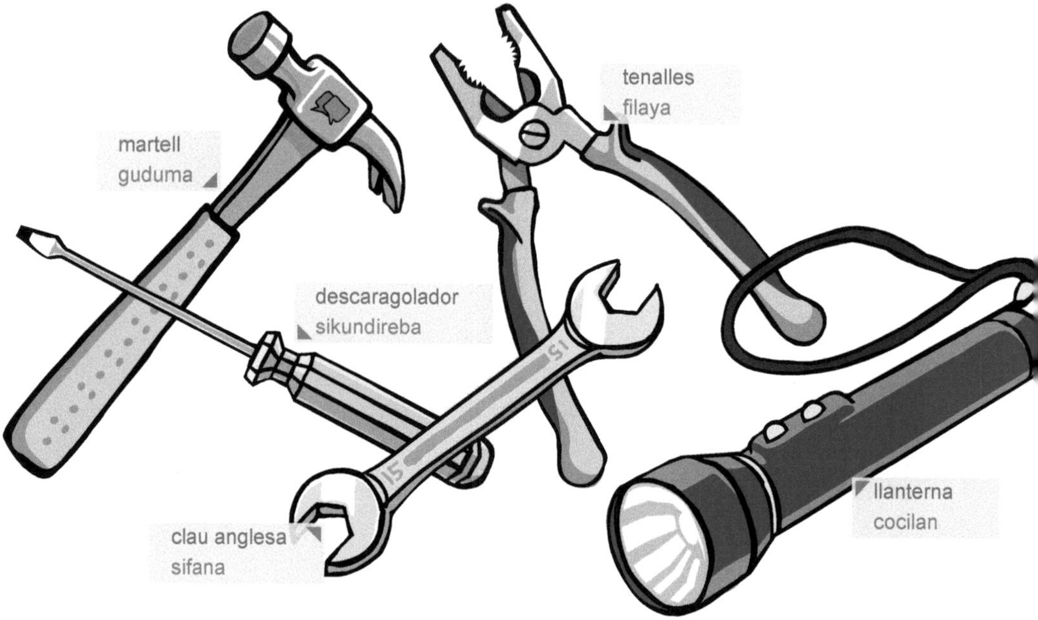
tenalles
filaya
martell
guduma
descaragolador
sikundireba
clau anglesa
sifana
llanterna
cocilan

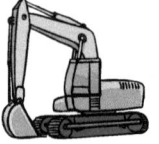

excavadora

diga

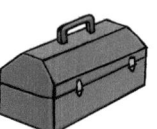

caixa d'eines

akwatin kayan aiki

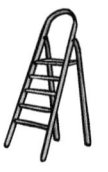

escala

tsani

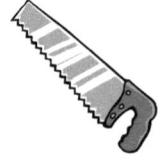

serra

zarto

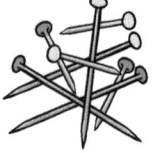

claus

kusoshi

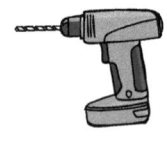

trepant

abin hudawa

reparar
gyara

pala
chebur

Maleït siga!
Tafdi!

pala
makwashin shara

pot de pintura
tukunyar fenti

caragols
kusoshi masu barima

instrument de música
kayan kida

bateria
tarkacen ganga

altaveu
lasifika

guitarra
jita

contrabaix
rubin sauti

trompeta
begila

piano

fiyano

violí

goge

baix

karamin sauti

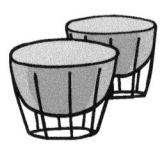

timbal

gangunan timpani

tambor

ganguna

teclat

masarrafin fiyano

saxofon

saxophone

flauta

sarewa

micròfon

makirfo

ZOO

gidan namun daji

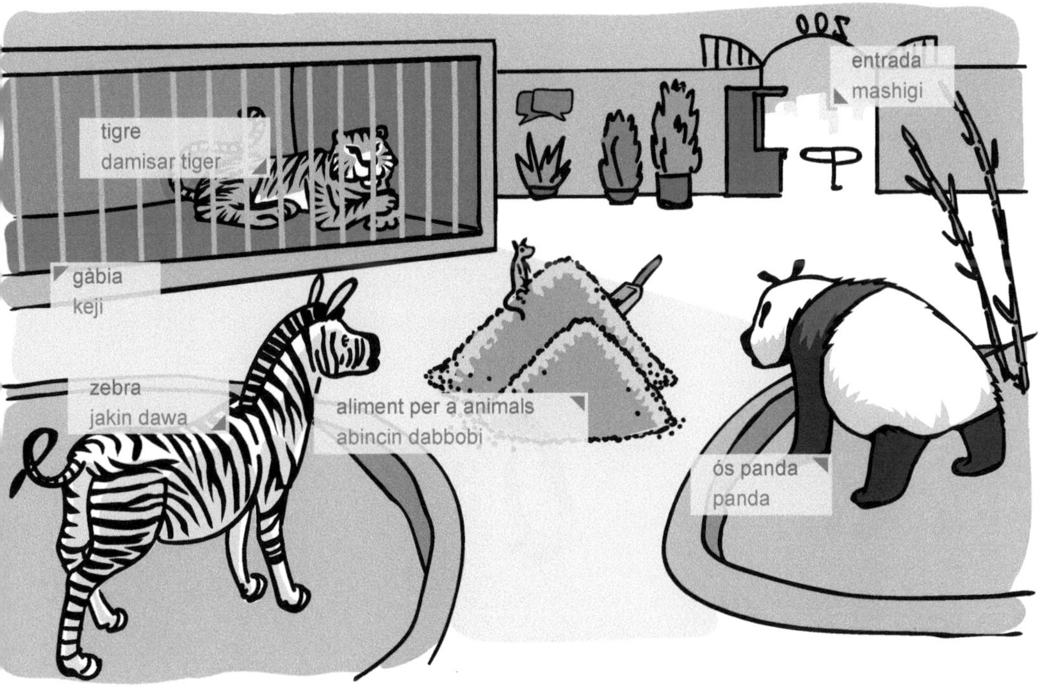

tigre
damisar tiger
gàbia
keji
zebra
jakin dawa
aliment per a animals
abincin dabbobi
entrada
mashigi
ós panda
panda

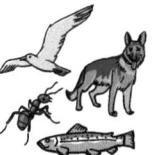

animals

dabbobi

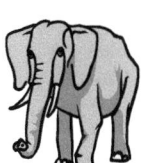

elefant

giwa

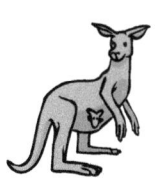

cangurú

babba-da-jaka

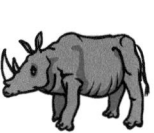

rinoceront

karkanda

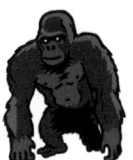

goril·la

goggon biri

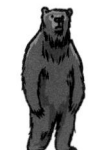

ós

dabbar bear

camell

rakumi

estruç

jimina

lleó

zaki

simi

biri

flamenc

dinya

papagai

aku

ós polar

bear ta yankin kankara

pingüí

penguin

ca mari

kifin shark

paó

dawisu

serp

maciji

cocodril

kada

guardià del zoo

mai tsaro zu

foca

seal

jaguar

damisar jaguar

poni

dukushi

lleopard

damisar leopard

hipopòtam

mugun dawa

girafa

rakumin dawa

àliga

mikiya

senglar

aladen daji

peix

kifi

tortuga

kunkuru

morsa

walrus

guineu

dila

gasela

barewa

futbol americà
kwallon kafar Amurka

ciclisme
tseren keke

tenis
wasan tennis

bàsquet
kwallon kwando

natació
ninkaya

hoquei sobre gel
kwallon gora na cikin kan

boxa
dambe

futbol americà
kwallon kafa

bàdminton
badiminton

atletisme
wasannin motsa jiki

handbol
kwallon hannu

esquí
wasan kan kankara

polo
kwallon dawaki

activitats
harkoki

saltar
yi tsalle
abraçar
rungumi
riure
yi dariya
anar
yi tattaki
cantar
rera waka
somiar
mafarki
pregar
yi addu'a
fer un petó
sumbaci

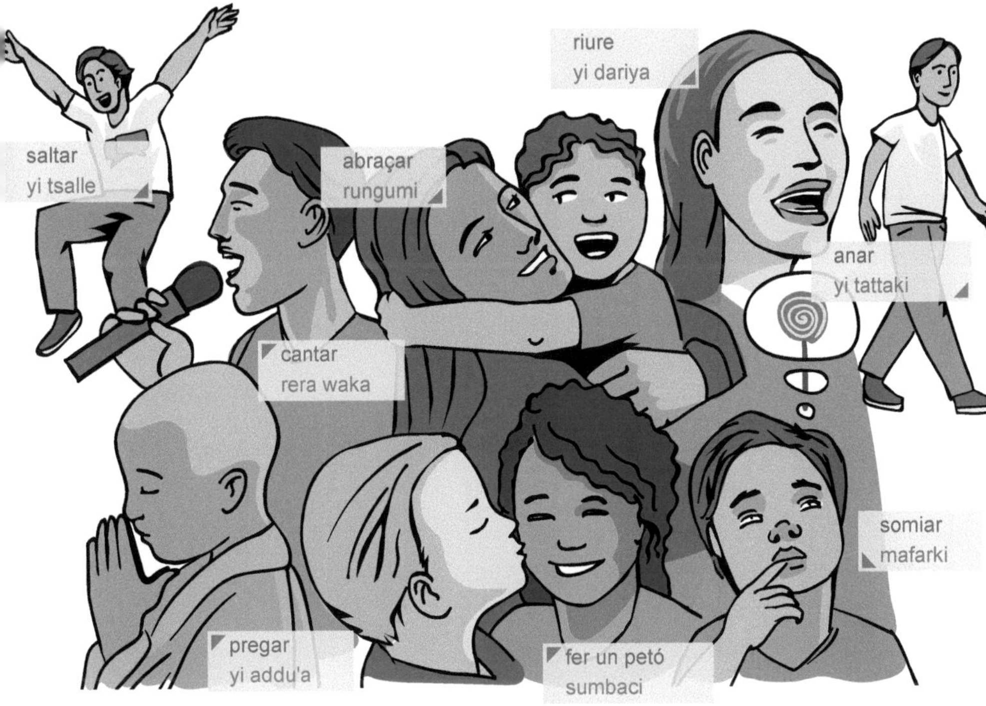

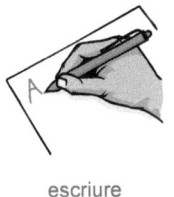

escriure

rubuta

dibuixar

zana

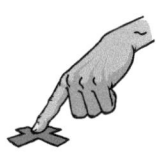

mostrar

nuna

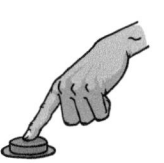

pitjar

tura

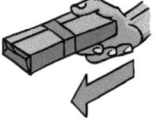

donar

bayar

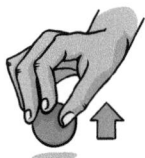

prendre

dauki

tenir

sami

fer

yi

ésser

kasance

estar dret

tsaya

córrer

gudu

estirar

jawo

llançar

jefa

caure

faduwa

jeure

yi karya

esperar

jira

portar

dauki

asseure's

zauna

vestir-se

sanya tufafi

dormir

yi barci

despertar-se

farka

mirar

kalli

plorar

kuka

amoixar

bugi

pentinar

taje

parlar

yi magana

comprendre

fahimci

demanar

tambayi

escoltar

saurari

beure

sha

menjar

ci

endreçar

tattare

estimar

yi soyayya

cuinar

dafa

conduir

yi tuki

volar

tashi

navegar

tafi a kwalekwale

calcular

kwakuleta

llegir

karanta

aprendre

koyi

treballar

yi aiki

casar-se

yi aure

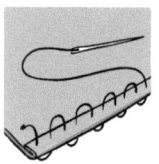

cosir

dinka

raspallar-se les dents

goge hakora

matar

kashe

fumar

busa taba

enviar

aika

àvia
kaka mace

avi
kaka namiji

pare
uba

mare
uwa

nadó
jariri

filla
ya

fill
da

convidat

bako

tia

gwaggo

oncle

kawu

germà

dan'uwa

germana

yar'uwa

cos
jiki

front
goshi
ull
ido
espatlla
kafada
dit
yatsa
cara
fuska
barbeta
ha'ba
mà
hannu
pit
nono
cama
kafa
braç
damtse

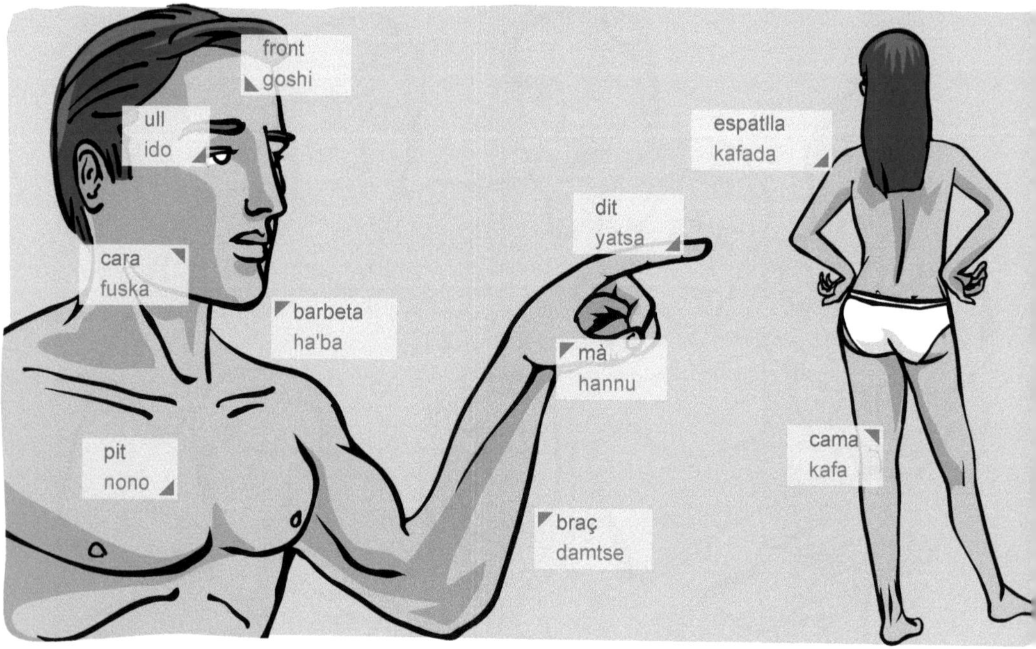

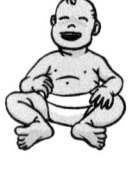

nadó
jariri

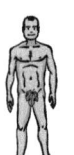

home
mutum

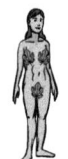

dona
mace

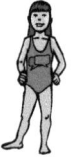

noia
yarinya

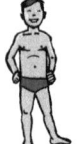

noi
yaro

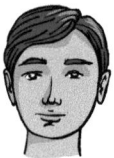

cap
kai

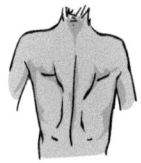

esquena
baya

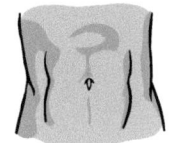

panxa
tulun ciki

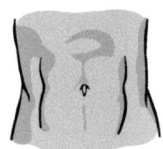

melic
maballin ciki

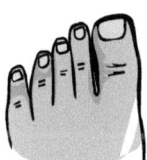

dit gros del peu
yatsan kafa

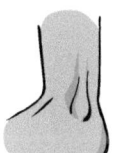

taló
dudduge

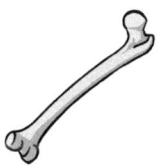

os
kashi

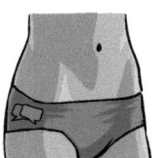

maluc
kugu

genoll
guiwa

colze
guiwar hannu

nas
hanci

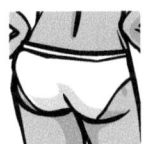

cul
kasa

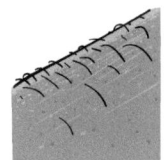

pell
fata

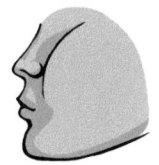

galta
kumatu

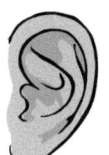

orella
kunne

llavi
lebe

boca

wata

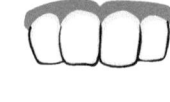

dent

hakori

llengua

harshe

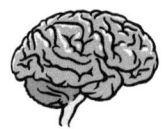

cervell

kwakwalwa

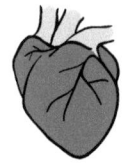

cor

zuciya

múscul

kwanji

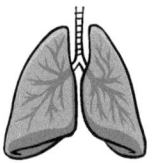

pulmó

huhu

fetge

hanta

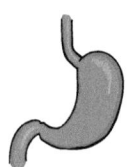

estómac

ciki

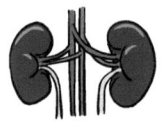

ronyó

koda

relació sexual

jima'i

preservatiu

kwaroron roba

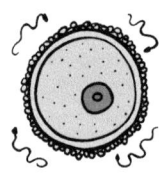

ovari

kwan mahaifa

semen

maniyyi

prenyat

juna-biyu

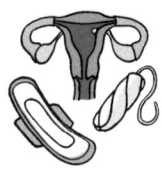

menstruació

haila

vagina

farji

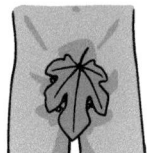

penis

zakari

cella

gira

cabells

gashi

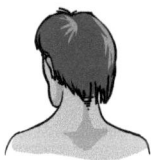

coll

wuya

hospital
asibiti

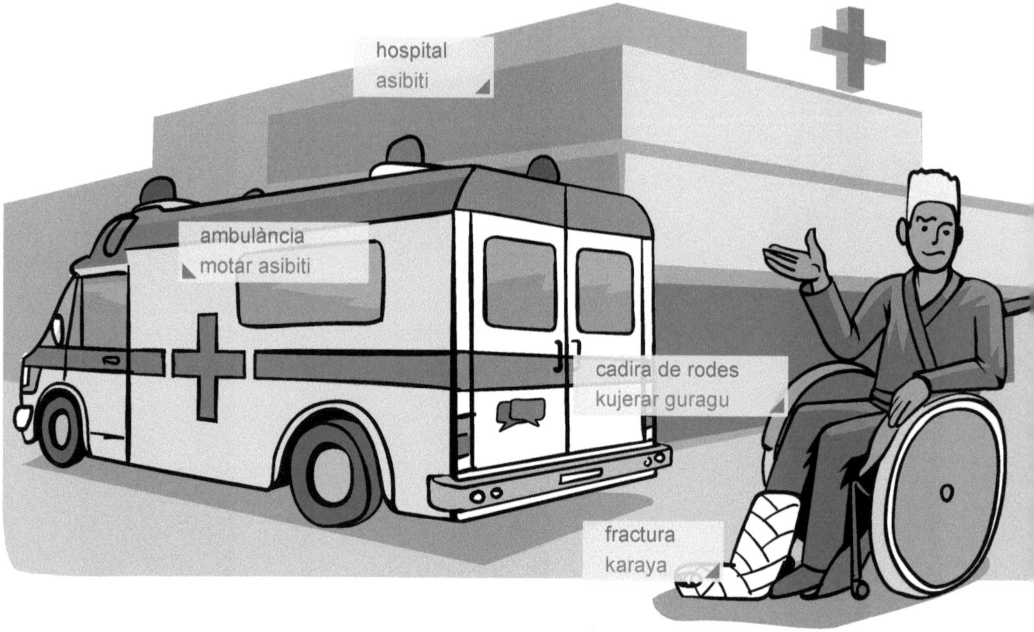

hospital
asibiti
ambulància
motar asibiti
cadira de rodes
kujerar guragu
fractura
karaya

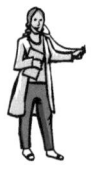

doctora

likita

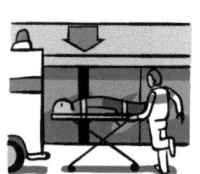

sala d'urgències

dakin kulawar gaggawa

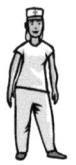

infermera

ma'aikaciyar jinya

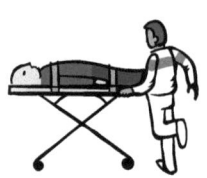

urgència

na gaggawa

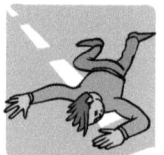

inconscient

magashiyyan

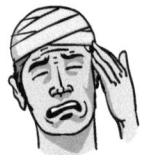

dolor

radadi

ferida

rauni

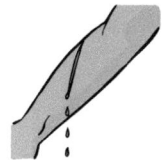

sagnament

zubar jini

atac de cor

bugun zuciya

apoplexia

bugun jini

al·lèrgia

kyan-jiki

tos

tari

febre

zazzabi

gripa

mura

diarrea

gudawa

mal de cap

ciwon kai

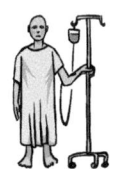

càncer

cutar sankara

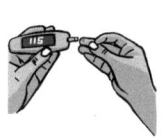

diabetis

ciwon suga

cirurgià

likitan tiyata

escalpel

wukar likita

operació

tiyata

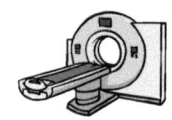

tomografia computada (TC), TAC
....
CT

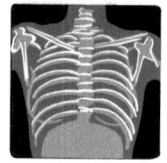

raigs x
....
hoton kirji

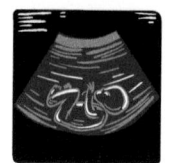

ultrasò
....
hoton ciki

mascareta
....
marufin fuska

malaltia
....
cuta

sala d'espera
....
dakin jira

crossa
....
madogari

tireta
....
filasta

embenat
....
bandeji

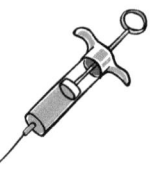

injecció
....
allura

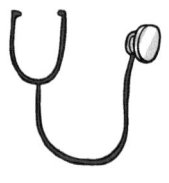

estetoscopi
....
na'urar awon zuciya

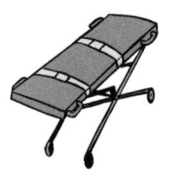

llitera
....
gadon daukar marar lafiya

termòmetre clínic
....
na'urar auna zafin jiki

pariment
....
haihuwa

sobrepès
....
yawan nauyi

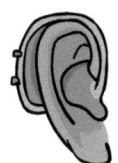

aparell auditiu

abin kara ji

desinfectant

sinadarin kashe kwayoyin cuta

infecció

kamuwar cuta

virus

kwayar cuta

VIH / SIDA

Cutar Kanjamau

medicina

magani

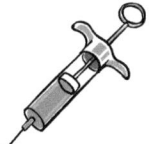

vaccí

riga-kafi

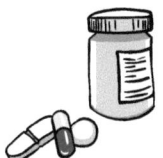

comprimits

kwayoyin magani

píl·lola

magani

trucada d'urgència

kiran gaggawa

tensiòmetre

ma'aunin hawan jini

malalt / sà

cuta / lafiya

Socors!

Taimako!

alarma

kararrawa

assalt

farmaki

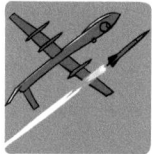

atac

hari

perill

hatsari

sortida-eixida d'urgència

kofar ko-takwana

Foc!

Wuta!

extintor

abin kashe wuta

accident

hadari

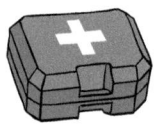

farmaciola de primers auxilis

kayan taimakon gaggawa

SOS

Neman taimako

policia

dansanda

Europa

Turai

Amèrica del Nord

Amurka ta Arewa

Amèrica del Sud

Amurka ta Kudu

Àfrica

Afirka

Àsia

Asiya

Austràlia

Australia

Atlàntic

Atlantika

Pacífic

Pacific

Oceà Índic

Tekun Indiya

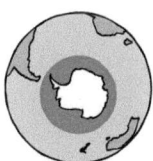

Oceà Antàrtic

Tekun Antatika

Oceà Àrtic

Tekun Arctic

pol nord

Barin duniya na Arewa

pol sud
Barin duniya na Kudu

Antàrtida
Antatika

terra
Kasa

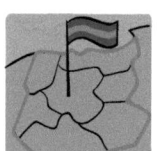

país
tsandauri

mar
kogi

illa
tsibiri

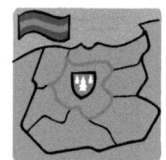

nació
kasa

estat
jiha

quadrant

fuskar agogo

agulla de les hores

hannun awa

agulla dels minuts

hannun mintuna

agulla dels segons

hannun dakika

Quina hora és?

Karfe nawa yanzu?

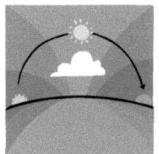

dia

rana

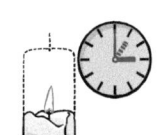

temps

lokaci

ara

yanzu

rellotge digital

agogon dijita

minut

minti

hora

awa

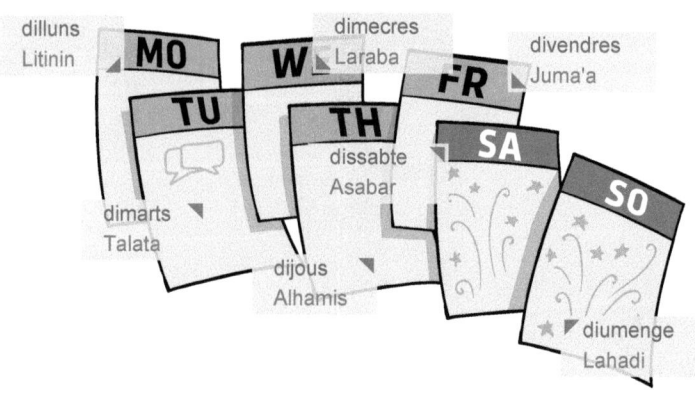

dilluns
Litinin

dimecres
Laraba

divendres
Juma'a

dimarts
Talata

dissabte
Asabar

dijous
Alhamis

diumenge
Lahadi

ahir
....
jiya

avui
....
yau

demà
....
gobe

matí
....
safiya

migdia
....
tsakar rana

tarda
....
yamma

dia feiner
....
ranakun kasuwanci

cap de setmana
....
karshen mako

arc de Sant Martí
bakan-gizo

pluja
ruwan sama

neu
dusar kankara

vent
iska

primavera
damina

tardor
Kaka

estiu
bazara

hivern
lokacin sanyi

4.APRIL	11°	☀
5.APRIL	4°	☁
6.APRIL	13°	❄
7.APRIL	8°	☀
8.APRIL	10°	☀

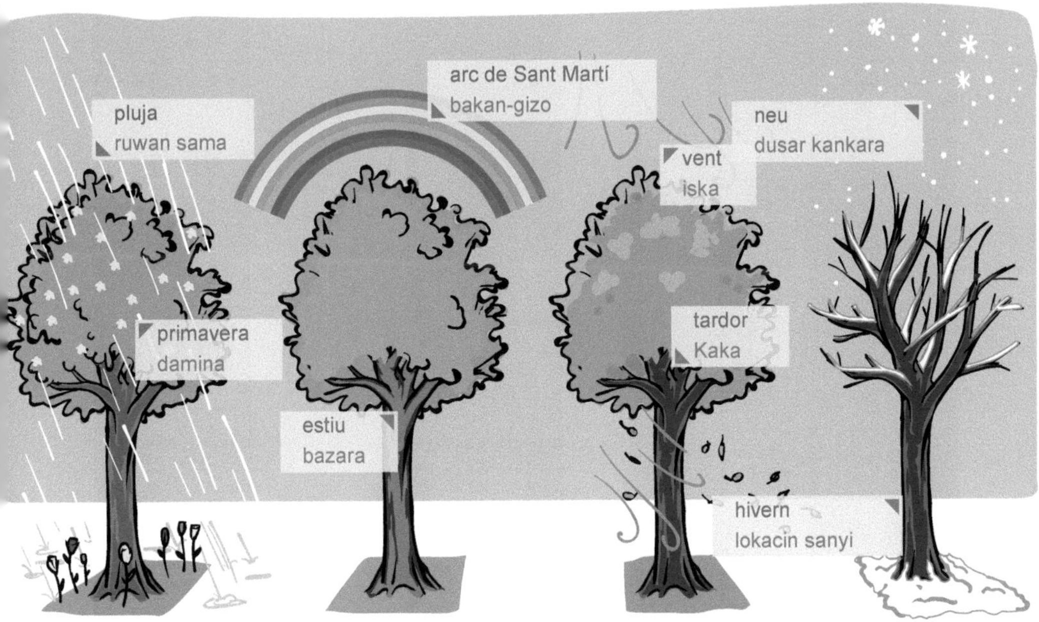

pronòstic del temps

hasashen yanayi

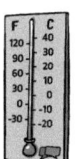

termòmetre

na'urar gwajin zafi da sanyi

llum del sol

hasken rana

núvol

gajimare

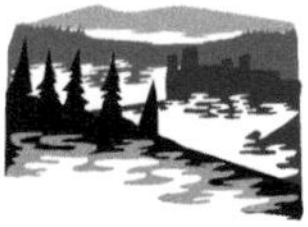

boira

hazo

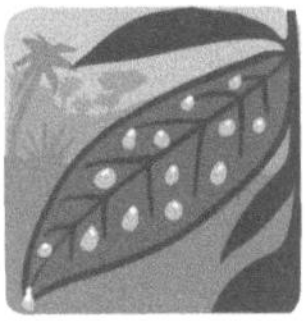

humiditat de l'aire

dumi

llamp

walkiya

tro

aradu

tempesta

guguwa

calamarsa

kankarar ruwan sama

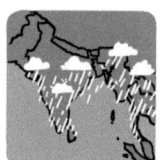

monsó

iskar bazara

inundació

ambaliyar ruwa

gel

kankara

gener

Janairu

febrer

Fabarairu

març

Maris

abril

Afirilu

maig

Mayu

juny

Yuni

juliol

Yuli

agost

Agusta

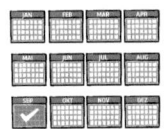

setembre
....
Satumba

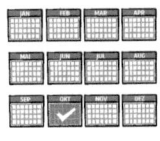

octubre
....
Oktoba

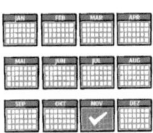

novembre
....
Nuwamba

desembre
....
Disamba

cercle
....
da'ira

quadrat
....
murabba'i

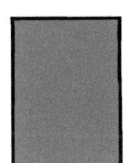

rectangle
....
kusurwa hudu

triangle
....
kusurwa uku

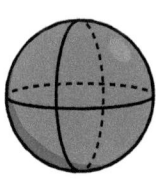

esfera
....
mulmulalle

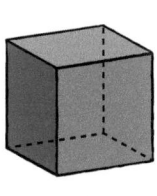

cub
....
dunkule

blanc

fari

groc

rawaya

taronja

ruwan lemo

rosa

ruwan shanshanbali

vermell

ja

lila

garura

blau

shudi

verd

kore

marró

ruwan kasa

gris

ruwan toka

negre

baki

molt / poc

da yawa / kadan

emprenyat / tranquil

fushi / nutsuwa

bonic / lleig

kyakkyawa / mummuna

començament / fi

farko / karshe

gran / petit

babba / karami

clar / fosc

mai haske / mai duhu

germà / germana

dan uwa / 'yar uwa

net / brut

mai tsafta / kazami

complet / incomplet

cikakke / maras cika

dia / nit

rana / dare

mort / viu

matacce / mai rai

ample / estret

mai fadi / matsattse

comestible / immenjable

na ci / ba na ci ba

dolent / amable

mugu / mai tausayi

entusiasmat / entediat

mai karsashi / gajiyayye

gros / prim

kakkaura / siriri

primer / darrer

na farko / na karshe

amic / enemic

aboki / makiyi

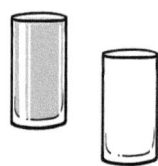

ple / buit

cikakke / holoko

dur / tou

mai tauri / mai laushi

pesant / lleuger

mai nauyi / marar nauyi

gana / set

yunwa / kishin ruwa

malalt / sà

cuta / lafiya

il·legal / legal

haramtacce / halastacce

intel·ligent / ximple

mai basira / dakiki

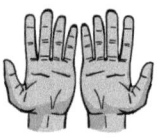

esquerra / dreta

hagu / dama

prop / llunyà

kusa / nesa

nou / usat
sabo / na-hannu

res / quelcom
ba komai / wani abu

vell / jove
tsoho / yaro

encès / apagat
kunna / kashe

obert / tancat
a bude / a rufe

silenciós / sorollós
shiru / kara

ric / pobre
mai arziki / talaka

correcte / incorrecte
daidai / bata

aspre / suau
mai kaushi / mai santsi

trist / content
bakin ciki / farin ciki

curt / llarg
gajere / dogo

lent / ràpid
a sannu / da sauri

humit / sec - eixut
jikakke / busasshe

calent / fred
dumi / sanyi

guerra / pau
yaki / zaman lafiya

0

zero

sifili

1

u

daya

2

dos

biyu

3

tres

uku

4

quatre

hudu

5

cinc

biyar

6

sis

shida

7

set

bakwai

8

vuit

takwas

9

nou

tara

10

deu

goma

11

onze

goma sha daya

12
dotze
goma sha biyu

13
tretze
goma sha uku

14
catorze
goma sha hudu

15
quinze
goma sha biyar

16
setze
goma sha shida

17
disset
goma sha bakwai

18
divuit
goma sha takwas

19
dinou
goma sha tara

20
vint
ashirin

100
cent
dari

1.000
mil
dubu

1.000.000
milió
miliyan

anglès

Turanci

anglès americà

Turancin Amurka

xinès mandarí

Mandarin na China

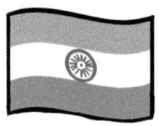

hindi

Hindi

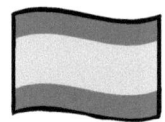

espanyol

Sifaniyanci

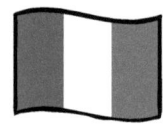

francès

Faransanci

àrab

Larabci

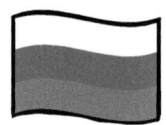

rus

Yaren Rasha

portuguès

Yaren Portugal

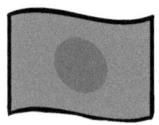

bengalí

Bengali

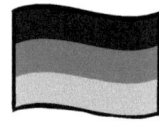

alemany

Yaren Jamus

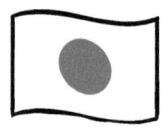

japonès

Yaren Japan

jo
ni

tu
kai

ell / ella / allò
shi / ita / ita

nosaltres
mu

vosaltres
ku

ells
su

qui?
wa?

què?
me?

com?
ya ya?

on?
a ina?

quan?
yaushe?

nom
suna

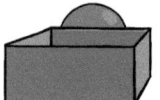

darrere

a baya

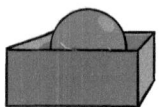

en

a ciki

davant de

a gaban

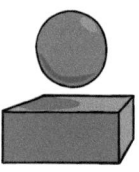

damunt

saman

sobre

akai

sota

karkashi

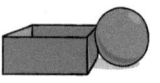

al costat

a gefe

entre

a tsakani

lloc

wuri